LA
JOLIE PARFUMEUSE,
OU
LA ROBE DE CONSEILLER;
VAUDEVILLE,
EN UN ACTE;

Par les Citoyens LEBRUN-TOSSA et BONEL.

Représentée, pour la première fois, sur le théâtre Montansier-Variétés, le 13 brumaire, an 10.

A PARIS,

Chez BARBA, Libraire, palais du Tribunat, galerie derrière le Théâtre Français de la République, n°. 51.
Et Galerie de bois, côté du théâtre, n°. 264.

AN X.

PERSONNAGES.	ACTEURS.
GODLIE, conseiller.	*Bonioli.*
Mad. GODLIE, coquette surannée.	Mad. *Barroyer.*
VOLMIÈRE, jeune officier de dragons.	*Valcour.*
SPITTE, parfumeur.	*Frédéric.*
Mad. SPITTE.	Mad. *Mengozzi.*
MORIN, valet de Volmière.	*Bosquier-Gavaudan.*

La scène se passe chez Godlie, à Strasbourg.

COUPLET D'ANNONCE.

Air : *J'ai vu partout dans mes voyages.*

Il faut faire un couplet d'annonce,
Et le titre n'y prête pas ;
Mais il est tems que l'on renonce
A cet usage, en pareil cas.
Ce couplet, malgré sa finesse,
Ne peut assurer un succès :
Applaudissez d'abord la pièce,
Et nous le chanterons après.

AVIS DE L'EDITEUR.

Quelques personnes ont fait un crime aux auteurs de ce vaudeville de s'y être servis d'un fond déja connu : cette *grave inculpation* est réduite à sa juste valeur, dans l'extrait suivant d'un de nos meilleurs journaux, redigé par Joseph Lavallée, écrivain recommandable par ses talens et sa sévère impartialité.

« On joue maintenant, au théâtre Montansier, » une très-jolie bluette, en un acte, intitulée la » *jolie Parfumeuse, ou la Robe de Conseiller.* A » la première représentation, quelques longueurs » et deux ou trois phrases équivoques indispo- » sèrent le public; et le lendemain, suivant un » usage assez peu généreux, quelques feuilles ren- » chérissant sur la sévérité du parterre, déclarè- » rent détestable ce qui n'était qu'incorrect. Ce- » pendant les corrections ont été faites, les lon- » gueurs ont disparu, les mots imprudens ont été » rayés, et il en est résulté une pièce fort gaie, » dont les situations sont comiques, le dialogue » précis et facile, tous les couplets spirituels et » agréablement tournés.

» Le reproche le plus spécieux qu'on pouvait » lui faire était sa ressemblance avec les *Souliers* » *mordorés;* mais les auteurs des *Souliers mordo-* » *rés* et de *la Cordonnière allemande* n'avaient pas » plus, que les auteurs de la *Robe de Conseiller*, » puisé leur sujet dans leur propre fond. Ils ont

» individuellement fouillé dans la même mine ; » c'est un usage que l'art dramatique autorise, et » les exemples en sont fréquens. Quant à la manière de le traiter, si j'avais à prononcer entre » les *Souliers modorés* et la *Parfumeuse*, je ne balancerais pas à me décider pour cette dernière. » Dans celle-ci, les motifs du jeune officier de » dragons sont plus naturels et moins ridicules que » ceux du chevalier de *Piécourt*, dans la première. Il est beaucoup plus vraisemblable qu'un » jeune étourdi cherche à se venger plaisamment » d'un propos indiscret d'une jolie femme, à s'amuser des travers de son époux et à dépiter, » pendant quelques minutes, une amante surannée, que de s'imaginer qu'un militaire attirera » chez lui une jeune femme pour le seul plaisir de » se procurer une paire de ses souliers. Il n'y a » pas non plus, dans la pièce nouvelle, un second » acte insignifiant comme dans les *Souliers modorés*, pièce qui, quoiqu'on en dise, tomba jadis » à Paris, et n'eût de succès qu'en province. »

LA
JOLIE PARFUMEUSE.

Le théâtre représente un salon, une cheminée à droite, à côté un secrétaire ; à gauche une table sur laquelle est un violon : des fauteuils. On entre toujours par le fond.

SCENE PREMIERE.

MORIN: *il entre une lanterne à la main, couvert d'un manteau et grelottant : il allume les bougies et se chauffe.*

D'HONNEUR, j'étais gelé : passer la nuit dans la rue à attendre, les pieds dans la neige... me voilà un peu remis.... Le détestable métier ! être condamné à servir, et qui encore ? un jeune fou, idolâtre de toutes les femmes, avide de tous les plaisirs, et, par-dessus tout cela, officier de dragons.

Air : *J'ai vu par-tout dans mes voyages.*

Au premier, s'il traite une affaire,
En védette il me met en bas ;
Puis, si nous allons à la guerre,
Près de lui, je suis aux combats.
Suivant cette aimable coutume,
Je crains, ce n'est pas sans raison,
Ou d'être emporté par un rhume,
Ou par un boulet de canon.

Il n'arrive point : il faut croire qu'il s'amuse beaucoup. Cependant, sa ridicule et jalouse cousine, qui l'a accompagné au bal public, doit bien le contrarier. C'est vraiment une rage que la passion de Mad. la Conseillère pour son cher petit cousin. Notre régiment, fort maltraité à Rosbac, par cet enragé roi de Prusse, vient à Strasbourg pour se refaire ; elle nous loge, nous accable de prévenances et d'attentions ; et son mari, ce pauvre M. Godlie, grave comme un allemand, confiant comme un parisien... il est enchanté que sa vieille épouse prenne au cher cousin un intérêt si vif. Vous êtes bien heureux, bon homme, que nous n'aimions pas les antiques : cependant, les femmes exceptées, c'est la fureur du jour.

Air *du vaudeville du Terme du Voyage.*

Maintenant on met en pratique
Le goût de nos premiers parens
Ici, tout se fait à l'antique,
Meubles, tableaux, ajustemens ;
Moi, j'approuve cette méthode,
Elle me plaisait encor plus,
Si nous devions à cette mode
Le goût des antiques vertus.

Mais rassurez-vous bon M. Godlie ; commentez sans crainte *Grotius*, *Puffendorf* et la *Bulle d'Or ;* la belle Mad. Spitte nous occupe exclusivement... J'entends du bruit ; ce sont eux... le bal sans doute est fini.

SCENE II.

VOLMIERE, M. et Mad. GODLIE, MORIN.

(*Godlie et sa femme en domino, Volmière en robe de conseiller.*)

GODLIE.

Ce n'est rien, vous dis-je : je ne suis pas même éclaboussé.

VOLMIERE.

Il faudrait au moins vous reposer un moment chez moi. (*à Morin.*) Que faites-vous ici ? où est le carrosse que je devais trouver en sortant du bal ? pourquoi ne m'avez vous pas attendu ?

MORIN, *à part.*

Mentons ; cela me rendra intéressant. (*haut.*) Ma foi, monsieur, il n'y a pas un quart-d'heure qu'on m'a rapporté ici presque mort... par le froid qu'il fait ; quel homme aurait pu résister ?

Mad. GODLIE, *avec humeur.*

Aussi, pourquoi ne pas nous retirer quand je vous l'ai proposé ? mais il fallait bien que monsieur fit danser toutes les femmes, agaçât tous les masques : vous avez été, toute la nuit, un vrai papillon.

GODLIE, *gravement.*

Le philosophe grec *Anaxagore*, a dit : se livrer à des plaisirs fatigans, est le propre d'un fou.

VOLMIERE.

Si ce philosophe grec avait su danser l'allemande aussi bien que moi, il n'aurait pas tenu ce langage.

Mad. GODLIE.

Pourrait-on savoir ce que c'est que ce domino rose qui paraissait vous intéresser si fort ? quelque coquette ?

VOLMIERE.

Je vous assure, ma cousine, qu'elle est on ne peut plus aimable.

Mad. GODLIE.

C'est une sotte, et vous un étourdi.

MORIN, *à part.*

Cela s'échauffe.

GODLIE.

Je vous ai entendu lui donner un rendez-vous à ce domino rose.

Mad. GODLIE.

Un rendez-vous ?

GODLIE.

Oui, parbleu, un rendez-vous !

Mad. GODLIE, *piquée.*

Je vous en fais mon compliment : vous allez sans doute nous nommer cette belle ?

VOLMIERE.

Ah ! ma cousine !...

Mad. GODLIE.

Comment ! de la discrétion avec vos amis ?

VOLMIERE.

D'abord, je ne conviens pas du rendez-vous ; mais il existerait que jamais je ne vous nommerais celle qui me l'aurait accordé.

Mad. GODLIE.

Vous êtes d'une délicatesse bien rare.

VOLMIERE.

Savoir garder un secret est un moyen sûr de réussir auprès des femmes.

Air : *Des philosophes de la Grèce.*

Si leur décence offre à nos ames
Un doux et séduisant attrait,
De même, on doit, auprès des fem
Etre délicat et discret :
C'est le plus sûr moyen de plaire,
D'attendrir un modeste cœur ;
Car on sait bien que le mystère
Est le voile de la pudeur.

Mad. GODLIE.

Cette morale est charmante, et cadre bien avec votre conduite... Quel scandale ! aujourd'hui, près d'une belle, demain, près d'une autre !... Vous devriez rougir...

GODLIE.

Je vous approuve, madame ; vous tenez à ce jeune homme le langage d'une bonne mère ; vous en avez le droit par votre âge.

Mad. GODLIE.

Comment, par mon âge?

MORIN, *à part.*

Le compliment est flatteur.

GODLIE.

Oui, par votre âge et comme sa parente ; et puis, le sage *Erasme* a dit, dans son éloge de la Folie : Voulez-vous?....

Mad. GODLIE.

Eh ! monsieur ! faites-nous grace de vos citations.

GODLIE.

Concedo. En attendant qu'on serve le déjeûner, reposez-vous un peu des fatigues du bal. Moi, je vais continuer mon supplément à l'ouvrage de l'immortel Puffendorf. (*Il sort.*)

VOLMIERE, *saluant.*

Permettez, madame, que je vous donne la main.

Mad. GODLIE, *à demi-voix.*

Vous êtes un monstre. Vous me la payerez. (*Elle sort après que Volmière l'a saluée de nouveau.*)

SCENE III.

VOLMIERE, MORIN, *riant aux éclats.*

VOLMIERE.

A-t-on jamais vu une folle pareille? Qu'elle m'aime, cela se conçoit; mais exiger du retour, c'est par trop fort. Sans les égards que je dois à son mari...

MORIN.

Pour l'argent qu'il vous prête?

VOLMIERE.

Tu ne connais pas sans doute le beau cadeau qu'elle m'a fait?

MORIN.

Non, monsieur. Qu'ést-ce que c'est?

VOLMIERE.

Tiens.

MORIN.

Une boîte de prix.

VOLMIERE.

Ouvre.

MORIN.

Son portrait! Et ceci?

VOLMIERE.

Une épître où sa passion ne garde plus l'incognito.

MORIN.

Je vous rends l'épître, le portrait, et je garde la boîte.

VOLMIERE.

Garde tout.

MORIN.

Ah! si de semblables billets avaient cours sur la place, vous ne seriez pas si généreux.

Air : *De la croisée.*

Si jamais les billets galans
Pouvaient s'escompter à la bourse,

Combien de perfides amans
Useraient de cette ressource!
Ces billets-là coûtent si peu,
Que, s'ils étaient tous acquittables,
Les femmes se feraient un jeu
De mourir insolvables.

Elle vous a donc bien harcelé, cette nuit, au bal.

VOLMIERE.

Deux de mes camarades ont eu le courage de l'occuper. Elle a dansé trois menuets, pendant que j'ai eu le plus joli tête-à-tête...

MORIN.

Avec une beauté sans pareille?

VOLMIERE.

Un ange.

MORIN.

Son nom?

VOLMIERE.

Je l'ignore.

MORIN.

Sa figure.

VOLMIERE.

Elle n'a pas voulu quitter son masque.

MORIN.

Et vous êtes sûr que c'est une beauté?

VOLMIERE.

Impossible autrement : elle a un son de voix délicieux.

MORIN.

Une laide peut avoir cette voix-là.

VOLMIERE.

Et ce son de voix argentin annonce, tout au plus, quinze à seize ans.

MORIN.

Argentin!... Vous lisez les romans, monsieur.

VOLMIERE.

Sais-tu qui je soupçonne?... la belle madame Spitte... à sa tournure, à une jolie main qu'on m'a permis de baiser.

MORIN.

Allons, monsieur, vous n'y pensez pas. Madame Spitte,

femme d'un parfumeur, pauvre petite bourgeoise, ne va point au bal; son mari l'en empêcherait bien. Comme vous, je ne la connais que de vue; mais je parierais...

VOLMIERE.

Conviens qu'elle est charmante.

MORIN.

C'est le mot.

VOLMIERE.

Et son esprit?

MORIN.

On m'a assuré qu'elle n'en avait que ce qu'il faut pour tromper un mari.

VOLMIERE.

Elle en a donc bien peu!

MORIN.

La voisine, qui s'intéresse à nous, prétend que, si elle sait que vous êtes officier, il n'y a rien à espérer; madame Spitte les déteste de tout son cœur.

VOLMIERE.

Pourquoi donc?

MORIN.

Elle en aura peut-être obligé quelqu'un qui l'aura payée d'ingratitude, et, maintenant, elle en veut particulièrement aux officiers de dragons. C'est heureux qu'elle ne se soit pas trouvée, hier soir, dans sa boutique, quand vous y êtes entré, sous prétexte de faire des emplettes.

VOLMIERE.

J'étais en uniforme.

MORIN.

A propos de ces emplettes, M. Spitte doit les envoyer ce matin.

VOLMIERE.

Il serait plaisant que ce fût sa femme qui vînt.

MORIN.

Pas si mal-adroit, le cher mari; il n'envoie pas ainsi sa femme faire la petite guerre avec un officier de dragons.

VOLMIERE.

T'a-t-on dit qu'elle fût sage, vertueuse?

MORIN.

Oh! oui, elle est sage. D'abord elle a l'art d'éviter les propos. Elle n'a pas demandé à la voisine si le jeune homme, amoureux d'elle, était bien fait; mais elle n'a pas été fâchée de l'apprendre. Elle ne s'est pas informée où il demeurait; mais, après avoir appris le numéro de la maison, elle a répondu : (*imitant la voix de femme.*) je ne veux pas le savoir.

VOLMIERE.

Allons, allons, j'en viendrai à mon bonheur.

MORIN.

Vous avez-là un honneur d'une jolie espèce! Votre honneur consiste à éclabousser celui des autres.

VOLMIERE.

Trève d'observations, et va me chercher du café.

MORIN.

Mais vous devez déjeûner avec le conseiller et sa chaste moitié.

VOLMIERE.

N'est-elle pas à sa toilette?

MORIN.

Il est vrai que ce sera long.

Air : *Si Dorilas médit des femmes.*

Une femme, vieille et coquette,
N'est jamais promte à se parer;
Votre cousine, à sa toilette,
A des charmes à réparer.
Nous la voyons, dans sa folie,
Craignant d'inspirer la pitié,
Passer la moitié de sa vie
A déguiser l'autre moitié.

VOLMIERE.

Je pourrais succomber au besoin de dormir, et je veux rester éveillé; va me chercher du café.

MORIN.

J'obéis. (*il sort.*)

SCENE IV.

VOLMIERE, *seul.*

Réfléchissons. Une jolie marchande que j'idolâtre et qui ne me connaît point, prévenue contre les militaires; un mari jaloux et vigilant; voilà des obstacles, je les vaincrai : l'amour est le dieu des prodiges.

SCENE V.

MORIN, VOLMIERE.

MORIN.

Monsieur, votre jolie marchande, madame Spitte, est là, à votre porte.

VOLMIERE.

Madame Spitte ! ô fortune !

MORIN.

Je l'ai rencontrée dans l'escalier, portant un carton sous son bras. Monsieur, m'a-t-elle demandé, chez madame la conseillère Spitte ? — Là, lui ai-je répondu, montrant votre porte ; je suis un de ses gens, je vais vous annoncer.

VOLMIERE.

Vite, vite, fais entrer.

MORIN.

Mais, aussitôt la tromperie reconnue, elle s'en ira.

VOLMIERE.

Excellente idée !... Passe-moi cette robe.

MORIN.

Je devine... l'air d'un grave magistrat... mais, si elle connoît M. Godlie?

VOLMIERE.

Elle ne l'a peut-être jamais vu. Courons la chance : fais entrer. (*il s'assied dans un fauteuil, et prend un air composé.*)

SCENE VI.

LES MÊMES, Mad. SPITTE.

MORIN.

Donnez-vous la peine d'entrer, madame.

VOLMIERE, *se levant.*

Vous voulez parler à mon épouse ?

Mad. SPITTE.

Oui, monsieur : j'apporte divers articles qu'elle acheta hier au soir dans ma boutique.

VOLMIERE.

Pourquoi vous donner la peine de venir vous-même, il fallait envoyer votre mari.

Mad. SPITTE.

Mon mari est sorti de bonne heure pour aller chez quelques-unes de nos pratiques ; il a oublié d'emporter ce carton ; je craignais que madame n'eût besoin de son chapeau et de son rouge.

VOLMIERE.

Comment ! vous vendez du rouge ?

Mad. SPITTE.

Oui, monsieur.

VOLMIERE.

Dès que vous serez connue, votre fortune est faite.

Mad. SPITTE.

Vous croyez ?

VOLMIERE.

J'en suis sûr.

Air : *C'est le meilleur homme du monde.*

Nos coquettes vont accourir
En foule dans votre boutique,
Moi-même, j'aurai le desir
De mettre le rouge en pratique ;
Si le séduisant vermillon,
Que vous vendez pour la parure,
Est conforme à l'échantillon
Que vous tenez de la nature.

Mad. SPITTE, *à part.*

Qu'il est aimable ! (*haut.*) Vous êtes trop indulgent ; je ne mérite point un pareil compliment.

VOLMIERE.

Quel est le nom de celui qui a le bonheur d'être votre époux.

Mad. SPITTE.

Spitte, monsieur, pour vous servir.

VOLMIERE.

Je le félicite d'avoir une aussi jolie femme. Vous êtes sans doute de nouveaux mariés ?

Mad. SPITTE.

Nous sommes mariés depuis six mois.

VOLMIERE.

M. Spitte est de votre âge ?

Mad. SPITTE.

Oh ! mon dieu, non ; il a plus de cinquante ans : je suis sa seconde femme.

VOLMIERE.

Comment ! mais c'est un meurtre d'avoir associé l'hiver et le printems.

Mad. SPITTE.

Mais vous-même, monsieur, madame votre épouse m'a paru bien plus âgée que vous.

MORIN.

Elle serait seulement sa bisayeule ; mais un jeune mari est un meuble dont toutes les femmes s'accommodent, au lieu qu'un vieux....

VOLMIERE.

Je parierais qu'en épousant M. Spitte, vous avez moins consulté votre cœur que l'intérêt.

Mad. SPITTE.

J'en conviens.

VOLMIERE.

Peut-être aussi avez-vous fait à votre vieux mari le sacrifice de quelque tendre inclination ?

MORIN.

Eh ! monsieur, convient-on de ces choses-là ?

VOLMIERE.

Jeune, aimable comme vous êtes, ce petit cœur a dû compter beaucoup de soupirans, et, dans le nombre, il en aura bien lui-même distinguer un.

MORIN, *à part.*

Un! c'est modeste.

VOLMIERE.

Quelqu'enfant de mari, peut-être? quelque jeune fous, lieutenant sans fortune; mais bien aimable, bien passionné?

Mad. SPITTE.

Un officier, monsieur? ah! vous vous trompez bien; je n'aime guère ces gens-là.

VOLMIERE.

Avez-vous à vous en plaindre?

Mad. SPITTE.

Je ne m'y suis jamais exposée; mais j'ai entendu dire que les militaires étaient les plus hardis personnages...

Air : *Fidèle époux.*

Une pauvre femme à beau faire
Pour fuir de pareils séducteurs,
En amour, ainsi qu'à la guerre,
Ne sont-ils pas toujours vainqueurs?
A ces favoris de la gloire,
Il faut toujours nouveaux succès;
Et ce n'est qu'après la victoire,
Que ces messieurs signent la paix.

MORIN, *à part.*

Pas mal du tout.

Mad. SPITTE.

Des libertins....

MORIN.

Bravo!

Mad. SPITTE.

Peu délicats envers les femmes...

MORIN.

C'est juste.

(*Volmière lui fait des signes improbatifs.*)

Mad. SPITTE.

Ne les courtisant que pour en faire parade...

MORIN.

Prenant une femme d'assaut, comme une forteresse...

Mad. SPITTE.

Se vantant, les trois-quarts du tems, des bonnes fortunes qu'ils n'ont point eués.

MORIN.

Portrait d'après nature.

VOLMIERE.

Vous poussez un peu loin la prévention, et je suis sûr que votre mari...

Mad. SPITTE.

Mon mari, monsieur, les déteste autant que moi.

VOLMIERE.

M. Spitte les déteste aussi ! (*à part.*) Ils me la paieront tous les deux. (*haut.*) Combien j'envie le bonheur de votre mari? le sait-il apprécier au moins? est-il doux, complaisant?

Mad. SPITTE.

Avare et jaloux, voilà ses moindres défauts.

VOLMIERE.

Ce mari-là se conduit mal; il mérite punition; je vous offre d'être vengeur.

MORIN, *à part.*

Il est obligeant.

VOLMIERE.

Eh bien, suis-je accepté ? vous ne répondez rien ; j'interprête ce silence en ma faveur. (*il veut lui baiser la main.*)

Mad. SPITTE, *se défendant.*

Finissez, monsieur, je vous prie : (*Volmière, en se débattant, laisse voir son uniforme.*) Ah! ah ! que vois-je donc là ? un uniforme ?

VOLMIERE, *s'enveloppant.*

Etourdi que je suis !

Mad. SPITTE.

Vous êtes, à la fois, magistrat et militaire ?

VOLMIERE.

Non, non ! ce n'est point un uniforme ; c'est...

Mad. SPITTE.

C'est un habit de dragon ; je l'ai bien vu. (*on sonne.*) Ah !

mon dieu ! quelqu'un vient ! au nom du ciel, ne laissez pas entrer.

VOLMIERE, *à Morin.*

Fais attendre. (*Morin sort.*)

Mad. SPITTE.

M'avoir compromise à ce point-là !

VOLMIERE.

Il vous en coutait si peu pour racheter votre liberté ?

SCENE VII.

LES MÊMES, MORIN.

MORIN.

M. Spitte, votre marchand parfumeur.

Mad. SPITTE.

O ciel ! mon mari ! renvoyez-le, je vous prie.

VOLMIERE.

Cela n'est pas possible à présent.

MORIN.

Il vous prie de ne pas le faire attendre.

Mad. SPITTE.

Je suis perdue !

MORIN.

Cachez-vous quelque part.

VOLMIERE.

Eh ! tenez, tenez ; (*lui passant la robe de conseiller.*) endossez cette robe ; elle a servi à vous tromper ; qu'elle serve à vous tirer d'embarras... le masque... le chapeau.

Mad. SPITTE, *se mettant dans le fauteuil.*

Il me reconnaîtra.

VOLMIERE, *lui mettant le masque.*

Impossible.

MORIN.

Dépêchons, je crains qu'il n'entre.

VOLMIERE, *lui mettant le chapeau.*

Ne craignez rien.

SCENE VIII.

LES MÊMES, SPITTE.

MORIN.

Entrez, M. Spitte, entrez.

SPITTE, *deux cartons sous le bras.*

Pardon, si je vous dérange.

VOLMIERE.

Bonjour, M. Spitte.

SPITTE.

Voici vos emplettes.

VOLMIERE, *examinant les articles.*

Si vous étiez moins cher, M. Spitte, nous ferions des affaires, mais...

SPITTE.

Foi d'honnête homme, je revends au prix coûtant.

MORIN.

Au prix coûtant ! propos de marchand.

Air : *De l'opéra-comique.*

On nous le promet et c'est tout :
Pour bien vendre c'est le langage ;
Mais je doute qu'on vienne à bout
D'en établir ici l'usage.
A trop de gens, dans cet instant,
La misère serait commune,
S'il leur fallait, au prix coûtant,
Nous céder leur fortune.

VOLMIERE.

Voyons la facture. (*il la parcourt.*)

SPITTE, *bas à Morin.*

Ce masque est sans doute la personne à qui les emplettes sont destinées ?

MORIN.

Justement.

SPITTE.

Pourquoi se cache-t-elle ?

MORIN.

Vous la connaissez.

SPITTE.

Je la connais ?

MORIN.

Chut ! chut !

VOLMIERE.

Ah ! voilà des articles que vous portez trop haut.

SPITTE.

Ces schalls, ces gands; je les donne pour rien, si vous en trouvez ailleurs d'aussi beaux et d'aussi bons. Faites-les voir à quelqu'un qui s'y connaisse. (*il jette les yeux sur sa femme.*) Dailleurs, monsieur, le débit que je fais tous les jours, prouve et la bonté de ma marchandise, et ma loyauté.

VOLMIERE.

Vous vendez donc beaucoup ?

SPITTE.

Les odeurs, surtout, monsieur, les odeurs : c'est tout ce que je puis faire que de fournir aux nombreuses demandes qu'on me fait journellement.

VOLMIERE.

Les odeurs !

SPITTE.

Cela vous étonne ?

Air : *Du vaudeville d'Angélique et Melcourt.*

De mon débit, en ce moment,
C'est bien à tort que l'on s'étonne :
Du luxe c'est un agrément ;
Qu'avec plaisir chacun se donne,
Mais, pour bien des gens, par malheur,
L'effet en est bien chimérique ;
Car, pour les mettre en bonne odeur,
C'est trop peu de ma boutique.

VOLMIERE.

Consultons madame sur la bonté de mes emplettes; ces gands vous plsisent-ils, beau masque ?

(Madame *Spitte fait un signe apppobatif.*)

SPITTE

Ils plaisent au beau masque. (*bas.*) Elle a peur que je ne la reconnaisse à sa voix.

VOLMIERE.

Ils me paraissent courts, étroits ; faites-moi le plaisir de les essayer ; s'ils vous vont bien, ils iront de même à celle qui doit les porter.

SPITTE.

Je le parierais bien aussi.

VOLMIERE, *à Madame Spitte, qui refuse de donner sa main.*

Je vous en supplie, un peu de complaisance. (*elle refuse toujours.*) Madame, si j'étais méchant... (*elle donne son bras.*) Eh bien, M. Spitte, avez-vous jamais eu le bonheur de rien voir d'aussi beau ?

SPITTE.

C'est charmant ! charmant ! ma femme a un très-joli bras, mais quelle différence ! ces gants sont comme faits exprès : permettez, madame, que je vous aide... là... bien... pas un pli... il faut nouer le petit ruban. L'autre, à présent. (*elle livre l'autre bras à son mari.*)

SPITTE.

C'est à merveille. (*Mad Spitte veut ôter les gants.*) Non, non ; laissez... n'est-ce-pas, monsieur ?

VOLMIERE.

Oui, sans doute... vous êtes un amateur, M. Spitte : on m'a bien conté que vous faisiez, à la sourdine, vos petites fredaines.

SPITTE.

Oh ! très-petites, je vous assure ; par-ci, par-là, si peu que rien.

VOLMIERE.

Vous avez, m'a-t-on dit, une femme jeune, aimable ; et vous êtes infidèle.

SPITTE.

Jeune, aimable, oui ; mais c'est ma femme, et puis, trop de monotonie...

MORIN, *après avoir toussé.*

Il faudrait qu'elle pût vous entendre, pour profiter de la leçon.

SPITTE.

Cela n'est pas nécessaire.

VOLMIERE.

Vous la rendez heureuse au moins ? lui procurez-vous les plaisirs de son âge ?

SPITTE.

Sans doute ; les dimanches et fêtes, nous jouons à la bête ombrée.

MORIN.

Oui, à de petits jeux de famille.

VOLMIERE.

Vous ne la menez jamais au spectacle ?

SPITTE.

Jamais ; cela coûte trop d'argent.

VOLMIERE.

Comment vous, qui êtes si répandu, n'avez-vous par des billets d'auteurs ?

SPITTE.

Il n'y a pas des auteurs à Strasbourg ; mais en revanche, on y fait de l'excellente choux-croute... Voyez mon malheur: dans le tems que j'apprenais mon état, à Paris, je demeurais près la barrière du Mont-Parnasse, je n'ai jamais pu en rencontrer un seul.

VOLMIERE.

Bah !

SPITTE.

Non, monsieur.

Air : *Trouverez-vous un parlement.*

Mon cousin était coutrôleur;
J'allais souvent à la barrière :
En vain pour y voir un auteur,
J'y restois la journée entière.
Rarement, ils portent leurs pas
Sur la route du Mont-Parnasse.

VOLMIERE.

C'est que, très-souvent, il n'ont pas
De quoi payer le droit de passe.

Et quels plaisirs procurez-vous donc à votre épouse ?

SPITTE.

Les jours de repos, si elle veut danser avec sa petite sœur, je leur joue du violon.

VOLMIERE.

Vous jouez du violon, M. Spitte? parbleu! il faut que vous nous fassiez danser, madame et moi. (*Il lui met un violon dans les mains.*)

SPITTE.

Je suis un peu pressé; n'importe! je veux bien vous racler une ou deux contredanses. (*Il s'accorde.*)

VOLMIERE.

Madame, voulez-vous me faire l'amitié?... (*signe négatif.*) Vous me refusez? Nous danserons aussi peu de tems qu'il vous plaira... de grace, c'est un affront pour M. Spitte et pour moi... Vous persistez? prenez garde... (*elle se lève.*)

SPITTE, *à Morin.*

Il en fait ce qu'il veut. (*haut.*) Allons, en place. (*Volmière et madame Spitte se disposent à danser; Spitte racle quelques mesures.*)

SCENE IX.

LES PRÉCÉDENS, GODLIE.

GODLIE.

Ah! ah! bal ici? Un ménétrier?

SPITTE.

C'est par circonstance; je n'en fais pas mon état.

GODLIE.

Je ne m'étonne pas que mon cousin oublie qu'on l'attend pour déjeûner. Voilà sans doute la dame au domino rose?

VOLMIERE, *bas.*

N'en dites rien.

GODLIE.

Mais pourquoi ce masque et ma robe de conseiller? Les grâces doivent s'effaroucher de ce costume. Je mettrai, dans ma nouvelle Constitution germanique, un article *ad hoc*, pour interdire aux femmes les travestissemens.

SPITTE.

Et leur défendre sur-tout de prendre nos habits.

VOLMIERE.

Vous avez bien raison.

Air : *Femmes, voulez-vous éprouver.*

De Mars en empruntant les traits
Vénus n'aurait point eue la pomme.
Femme entend mal ses interêts,
En voulant ressembler à l'homme.
Tissu décent et délicat,
Fait que dans tous lieux on l'accueille.
Une rose à bien plus déclat,
Quand on la voit avec sa feuille.

SPITTE, *à Godlte.*

J'ai l'honneur de connaître madame ; c'est pour cela qu'elle se cache, et ne veut pas même proférer une seule parole.

VOLMIERE.

Oui, M. Spitte, vous avez l'honneur de la connaître ; mais vous ne savez, ni ne saurez qui elle est. Soyez tranquille ; beau masque, il ne le saura point.

SPITTE.

Je parierais bien deviner qui.

VOLMIERE.

Je tiens le pari.

SPITTE.

Attendez que je repasse un peu les femmes de ma rue, qui trompent leurs maris.

MORIN.

Il n'aura pas fini de sitôt.

SPITTE.

Par où commencer?

Air :

Le choix cause mon embarras,
J'ai beau me tourner la cervelle,
Je vois trop d'époux dans le cas,
Pour bien deviner l'infidele.
En prononçant dans ce moment,
Je pourrais faire une bévue ;
Et puis, il serait indécent
De vous nommer toute la rue.

VOLMIERE.

En ce cas, le jeu ne va plus, je vous en avertis.

GODLIE, *à part.*

Allons défendre au portier de laisser sortir personne, et avertissons madame Godlie de ce qui se passe. (*haut.*) Je vous laisse, mon cousin. Belle inconnue, agréez mon hommage.

(*Il sort.*)

SCENE X.

LES PRÉCÉDENS, hors GODLIE.

MORIN, *bas à Volmière.*

Il va, je le parie, instruire madame Godlie; nous allons voirun beau train.

VOLMIERE.

Il faut que madame s'éloigne. Permettez-moi, M. Spitte, de vous congédier.

MORIN.

S'il sort le premier, il s'embusquera au coin de la rue pour la voir passer.

VOLMIERE.

Tu as raison.

SPITTE.

Ne craignez rien, je filerai tout droit.

VOLMIERE.

Je m'avise d'un expédient. Rassurez-vous, madame, on ne vous reconnaîtra pas. (*Il parle à l'oreille à Morin.*) Vous, M. Spitte détournez les yeux; venez de ce côté.

SPITTE.

Vous voyez ma complaisance. Je vous suis. (*Volmière le tient dans un coin et l'empêche de regarder derrière lui. Pendant ce tems, Morin aide madame Spitte à se débarrasser de la robe et du masque.*)

MORIN.

Air : *d'Arlequin afficheur.*

Vous le voyez, tout ira bien;
Vous ne serez point reconnue.

SPITTE.

De ce côté, ne craignez rien,
Je ne porterai point la vue.

VOLMIERE, *ironiquement.*

De ce qui se passe aujourd'hui,
Quand il percerait le mystère,
Je répond qu'il serait ici
Des premiers à ce taire.

MORIN.

Et pour cause.

SPITTE.

Vous me connaissez bien, la discrétion est mon fort.

MORIN.

Vous voilà libre, partez ; je vais assurer votre passage. (*il sort avec elle.*)

SCENE XI.

VOLMIERE, SPITTE.

VOLMIERE.

Elle est partie.

SPITTE.

Bon voyage.

VOLMIERE.

A présent, mon cher M. Spitte, pour nous amuser aux dépends de ma cousine, il faut, à votre tour, prendre la robe, le masque et le chapeau.

SPITTE.

Y pensez-vous, monsieur ?

VOLMIERE, *l'affublant.*

Nous rirons.

SPITTE.

Quelle folie ! diable m'emporte si je comprends...

VOLMIERE.

Laissez-moi faire : asseyez-vous. (*Spitte s'assied.*)

SPITTE.

Je serai peut-être dupe de ma complaisance.

VOLMIERE.

C'est une plaisanterie ; mais silence... On vient.

SCENE XII.

LES PRÉCÉDENS, MORIN.

MORIN, *à Volmière, bas.*

Elle est encore dans la maison. Le portier a reçu l'ordre de ne laisser sortir personne.

VOLMIERE.

Et l'a-t-il vue ?

MORIN.

Non, non.

SPITTE.

Messieurs, vous conspirez contre moi.

VOLMIERE.

Soyez tranquille. (*bas à Morin.*) L'as-tu bien cachée ?

MORIN.

Le mieux que j'ai pu ; mais si l'on va fureter tous les coins de la maison, adieu...

SPITTE.

Vous voulez me jouer quelque tour ; je me démasque. (*Volmière l'en empêche.*)

VOLMIERE.

Pour mieux tromper ma cousine, je vais entrer chez elle, en affectant un air embarrassé ; elle ne doutera point qu'il n'y ait une femme enfermée ici.

SPITTE.

Ah ! bon, je comprends : scène de jalousie.

(*Volmière sort.*)

SCENE XIII.

MORIN, SPITTE.

MORIN.

Moi, je ferme la porte ; je ferai semblant de vouloir empêcher qu'on entre.

SPITTE.

Si, dans les transports de sa jalousie, ma rivale allait me poignarder... Ecoutez donc, on a vu de ces choses là.

MORIN.

Vous vous démasqueriez.

SPITTE.

Après ma mort, n'est-ce pas ?

(*On entend du bruit.*)

MORIN.

La voilà.

SCENE XIV.

LES PRÉCÉDENS, M. et Mad. GODLIE, VOLMIERE.

Mad. GODLIE, *en-dehors.*

Je veux entrer; j'entrerai. (*elle frappe à la porte.*)

MORIN.

Faut-il ouvrir, monsieur ?

SPITTE, *avec une voix de femme.*

N'ouvrez pas, n'ouvrez pas.

VOLMIERE.

Allons, Morin, ouvre. (*ils entrent.*)

GODLIE.

Ah ! je le disais bien qu'elle ne pouvait s'échapper.

Mad. GODLIE.

Fort bien, madame... fort bien ! cette manière de traiter l'amour est expéditive.

VOLMIERE.

Je vous supplie de ménager vos expressions : je ne souffrirai pas qu'on outrage une personne aussi respectable que belle.

GODLIE.

Bien respectable, assurément, car elle se respecte beaucoup elle-même.

MORIN, *finement.*

Nous pouvons affirmer qu'elle est en sûreté ici tout autant que vous-même.

Mad. GODLIE.

En voilà bien la preuve, elle vient, avant huit heures du matin, dans la chambre d'un militaire qu'elle connaît à peine.

VOLMIERE.

Il dit vrai.

Mad GODLIE.

Vous osez établir la moindre comparaison entre moi et une femme de cette espèce ?

SPITTE, *avec une voix de femme.*

De cette espèce ! ô ciel !

GODLIE.

Elle parle enfin.

Mad. CODLIE.

Oui, sans doute, de cette espèce.

SPITTE, *avec un geste.*

Si je ne me retenais...

Mad. GODLIE.

Ce jeste et ce son de voix annoncent bien ce qu'elle est.

SPITTE.

Je parle mieux que vous, et je suis cent fois plus belle.

Air : *Vous me comprendrez toujours bien.*

Je pourrais bien, dans ce moment,
Vous répondre avec avantage,
Je veux agir honnêtement,
C'est le devoir de fille sage.
Rien ne m'empêcherait pourtant
De rire de votre faiblesse ;
Mais je sais trop, dans cet instant,
Qu'il faut respecter (*ter*) la vieillesse.

(*à part.*) Attrape.

Mad. GODLIE.

L'impertinente ! j'étouffe de colère.

VOLMIERR, *a Spitte, détachant le masque.*

Allons, ma chère amie, je vous en conjure, faites voir votre aimable figure, elle désarmera ma cousine.

SPITTE, *tenant le masque.*

Non, non.

GODLIE.

Il est clair que vos charmes ne sont pas tels qu'on nous l'assure.

SPITTE.

Si fait, si fait; mais c'est égal.

Mad. GODLIE.

Si sa figure ressemble à son langage, je parie qu'elle est laide à faire peur.

SPITTE.

Ah ! je suis laide ! eh bien, nous allons voir... mais non, vous en creveriez de dépit. (*il tient toujours le masque d'une main.*)

Mad. GODLIE, *lui arrachant le masque.*

A quoi bon tant de façons ? Voyons donc cette merveille. (*voyant la figure de Spitte.*) Ah ! dieu; mais c'est un autre masque qu'elle a là.

GODLIE.

Eh ! c'est le parfumeur qui, tout-à-l'heure, raclait du violon.

SPITTE.

Oui, c'est moi qui me suis prêté à une petite plaisanterie.

Mad. GODLIE, *piquée.*

Vous avez fort bien joué votre rôle... C'est donc là cette femme que vous avez trouvée ici ?

GODLIE.

Point du tout : on a voulu lui donner le tems de se cacher.

Mad. GODLIE.

Vous avez eu la précaution de faire fermer la porte de la maison ?

GODLIE.

Sans doute.

Mad. GODLIE.

Qu'on cherche, qu'on fouille par-tout ; nous la trouveront. Assurons-nous d'abord si elle n'est point ici.

MORIN, *à part.*

Essayons une ruse. (*bas à la Conseillère*) Je vous dirai où elle est ; mais prenons garde que mon maître ne m'entende.

Mad. GODLIE, *bas.*

Parle.

MORIN, *bas.*

Au quatrième étage ; dans la chambre où je couche.

Mad. GODLIE, *bas.*

La clef?

MORIN.

La voici. (*à part.*) Ils seront long-tems à ouvrir.

Mad. GODLIE, *à part, ayant entendu Morin.*

Le coquin veut me tromper, épions ses démarches.

GODLIE, *après avoir cherché.*

Rien ici ; mais je soupçonne la cachette : suivez-moi.

Mad. GODLIE.

Je la découvrirai : venez, venez.

SPITTE.

Je vous accompagne, si c'est une de mes voisines, je vous dirai son nom. (*ils sortent.*)

SCENE XV.

VOLMIERE, MORIN.

MORIN.

Ne perdons point de tems ; tandis que je les envoie au quatrième étage, je cours tirer Mad. Spitte de sa cachette qui n'est pas sûre.

VOLMIERE.

J'ai compromis cette pauvre petite femme, j'en suis désespéré ; où la mettre à présent?

MORIN.

Ici. Nous fermerons la porte à double tour : vous êtes militaire, je suis brave ; s'il le faut, nous soutiendrons un siège. Cela prendra du tems ; M. Spitte retournera à ses affaires ; voila l'essentiel. (*il sort.*)

SCENE XVI.

VOLMIERE, *seul.*

Excellente idée. Mais que mon étourderie m'afflige!

SCENE XVII.

VOLMIERE, Mad. SPITTE, MORIN.

MORIN,

Monsieur, monsieur, je trouve un moyen sûr pour délivrer madame. Avez-vous de l'argent sur vous ?

VOLMIERE.

Huit ou dix louis.

MORIN.

Vîte ! descendons chez le portier. Pour dix louis, il se vendrait dix fois dans un jour. Il ouvrira les deux battans de la porte, j'en réponds.

VOLMIERE.

Tu crois ?

MORIN.

Il est Suisse, et son grand'père était Normand... Vîte, vîte, sauvons-nous. (*Ils vont pour sortir.*)

SCENE XVIII ET DERNIERE.

LES PERÉCÉDENS, M. et Mad. GODLIE, SPITTE.

SPITTE.

O ciel ! ma femme.

Mad. GODLIE.

Sa femme !

SPITTE.

Grand dieu ! je suis . . .

VOLMIERE, *vivement.*

Dupe de l'apparence, M. Spitte. Daignez m'entendre : Votre épouse n'est point coupable. Une méprise l'a conduite dans mon appartement; j'ai prolongé son erreur, en gardant cette robe de conseiller; mais j'atteste l'honneur qu'elle ne s'est point trouvée un instant seule avec moi.

Mad. SPITTE.

C'est la vérité.

MORIN.

Je l'atteste.

Mad. GODLIE.

Belle caution !

VOLMIERE.

Vous êtes arrivé, lorsque je venais de quitter ce travestissement : mes instances, la crainte d'exciter votre colère, l'ont décidée à le prendre; tout le reste s'est passé sous vos yeux.

Mad. GODLIE, *à Spitte.*

Mais, pauvre homme, voyez donc la confusion de cette femme qui n'ose lever les yeux sur vous.

GODLIE.

La confusion, suivant *Puffendorf*, indique le délit.

VOLMIERE.

Puffendorf ne sait ce qu'il dit.

Mad. SPITTE.

Air : *du vaudeville du Jockey.*

Profiter de mon embarras,
Pour me faire croire coupable,
Vous ne prouvez pas, dans ce cas,
Un jugement très-équitable.
Sur ce moyen trop captieux,
En vain on me croirait perfide.
Si le crime est audacieux,
L'innocence est toujours timide.

MORIN.

Madame à raison; madame est innocente, aussi sûr que je tiens cette boîte dans ma main. (*bas à madame Godlie.*) Vous la connaissez?

Mad. GODLIE.

O ciel !

MORIN, *bas.*

La lettre est dedans.

Mad. GODLIE, *bas.*

Quelle perfidie !

MORIN.

Madame en convient : l'épouse de M. Spitte n'est pas coupable. (*montrant la boîte à madame Godlie.*) N'est-il pas vrai, madame?

Mad. GODLIE, *avec embarras.*

Oui, il est évident que madame est innocente, et qu'on

lui tendait un piège. (*bas à Volmière.*) Vous me la paierez cher.

GODLIE.

D'après l'avis de madame, je vous réponds de la vertu de votre femme, comme de celle de la mienne.

MORIN.

C'est rassurant.

SPITTE.

Puisque tout le monde atteste ici votre innocence, j'y crois; mais, désormais, je porterai tout ce qu'il faudra chez les pratiques; vous, vous resterez à la maison.

GODLIE.

C'est pourtant ma robe qui a servi à tout cela.

MORIN, *à part.*

C'est la première fois qu'elle a été bonne à quelque chose.

VOLMIERE.

Allons, M. Spitte, vous en voilà quitte pour la peur; mais, de grace, plus de haine, plus de propos sur notre compte; la vengeance pourrait être plus complette.

VAUDEVILLE.

Air : *De la fille en lotterie.*

Mon but était de me venger,
Et ma reussite est complette.
La crainte de certain danger
A rendu votre ame inquiète.
Dans ce siècle, à combien d'époux
La gaîté deviendrait permise,
S'ils pouvaient ici, comme vous,
Etre certains de leur méprise!

MORIN, *à Spitte,*

Quand on est époux, comme vous,
D'une femme jeune et jolie,
Il est permis d'être jaloux,
Sans être taxé de folie.
C'est donc en vain que vous jurez
De n'en plus faire la sottise :
Je suis sûr que vous le serez...

SPITTE.

Heim?

MORIN.

Que vous le serez par méprise.

Mad. GOD

Une jeune fille, à vingt ans,
Dupe d'un amant hypocrite,
Croit aux promesses, aux sermens,
Que tendrement on lui débite.
Jugeant les hommes pleins d'honneur,
Elle compte sur leur franchise.
Hélas ! trop tard... pour son bonheur,
Elle reconnaît sa méprise.

Mad. SPITTE, *au public.*

Si nos auteurs se sont trompés,
En esquissant ce badinage;
Si des défauts vous ont frappés,
En voyant jouer cet ouvrage;
N'en soyez pas moins indulgens,
Puisque les fautes sont commises;
Il faudrait punir trop de gens,
Si l'on punissoit les méprises.

FIN.

www.ingramcontent.com/pod-product-compliance
Ingram Content Group UK Ltd.
Pitfield, Milton Keynes, MK11 3LW, UK
UKHW022008260726
13994UKWH00004B/1983

9 782329 426075